AVIS

AUX DÉPUTÉS

DE 1828.

Contenant le récit succinct de la conduite de nos représentans, depuis les tiers-états de 1789, jusqu'à la dernière chambre ; ce que les députés doivent faire en arrivant a paris ; les lois qu'ils doivent présenter et accepter, etc. avec des remarques et anecdotes curieuses.

PAR UN AMI DE LA LIBERTÉ ET DU ROI.

Il faut se rappeler les fautes passées, pour
ne point en commettre d'autres.
Paroles de nos ancétres.

Paris,
CHEZ TOUS LES MARCHANDS LIBRAIRES

NOVEMBRE 1827.

AVERTISSEMENT UTILE.

Je déclare, qu'en publiant ce petit ouvrage, je n'ai nullement l'intention d'insulter qui que ce soit, ni d'attirer sur personne la haine et le mépris publics. L'histoire devrait être le miroir des rois; elle doit être aussi celui de tous fonctionnaires; mais comme dans le tourbillon des grandeurs, et souvent la *multiplicité* des affaires, l'homme public ne peut aller feuilleter des volumes entiers pour connaître le mal que ses prédécesseurs ont fait, afin de ne point commettre les mêmes fautes; le lui rappeler, en peu de mots, c'est lui rendre service ainsi qu'à la Société. Voilà mon seul but.

IMP. DE CARPENTIER-MÉRICOURT,
rue Traînée-Saint-Eustache, n. 15.

AVIS

AUX DÉPUTÉS DE 1828.

DANS le tourbillon des affaires politiques, dans le fracas d'un monde souvent nouveau pour lui, dans l'épaisse fumée de l'encens de la basse flatterie, en présence des ministres armés d'emplois lucratifs, des faveurs et des honneurs, ou des foudres de la destitution et des disgraces, le député peut ne point voir ce qui serait le plus utile à la morale et au bien-être de ceux qui l'ont chargé de défendre leurs intérêts; il peut même oublier ses devoirs; les lui rappeler, c'est lui rendre service ainsi qu'à la patrie et même au souverain; c'est ce que je vais essayer de faire.

D'abord je dirai que toutes les fois qu'une assemblée nationale n'est point guidée par l'intérêt général de tous les citoyens, elle est nuisible et même funeste à la patrie, au souverain et au peuple.

Je vais résoudre cette question par des preuves tirées de la conduite de nos assemblées depuis les tiers-états, jusqu'à la chambre qui vient d'être dissoute.

Vous savez, Messieurs les députés, que Louis XVI avait convoqué les tiers-états dans le doux

1

espoir de faire cesser les maux que la féodalité faisait, depuis tant de siècles, peser sur les Français,
et de trouver les moyens de combler le déficit que
la prodigalité des courtisans avait fait au trésor na-
tional.

Que font les tiers-états? au lieu de seconder les
vues du sage monarque, ils cherchent à défendre
leurs intérêts personnels, à vouloir conserver des
droits et des priviléges que les progrès des lumières
repoussaient et rendaient même ridicules. La division se met entre eux; il est vrai que de là naquit
une constitution qui, à peu de chose près, était
digne du souverain et du peuple français; mais que
de torrens de sang a fait verser cette division!... à
combien de crimes et de forfaits n'a-t-elle pas donné
accès? toutes ces horreurs ne souilleraient point les
pages de nos fastes, si les représentans avaient agi
dans l'intérêt général, avec plus de sagesse et de
précaution.

La Convention, qu'a-t-elle fait pour la France?
elle vote, ou laisse voter la mort du meilleur des
monarques! en sa présence, le sang de l'innocent
ruisselle à grands flots, sur toutes les places, dans
toutes les villes, dans les villages, aux hameaux, à
la campage! le cultivateur, l'artisan, le bucheron,
le charbonnier même sont arrachés à leurs paisibles
occupations, et sont trainés avec d'autres de tous
rangs et de tous sexes sur l'échafaud!... les têtes
tombent par milliers, et, (ô comble de fureur!) le

père, la mère considèrent d'un air riant leurs enfans marcher au supplice; ceux-ci sont contrains
d'assister à l'exécution de ceux qui leur ont donné
le jour! la sensibilité, la pitié, l'humanité, l'amour
paternel et filial, vertus sans lesquelles il ne peut
y avoir de société, sont des crimes suffisans pour
livrer aux mains des bourreaux un citoyen, une
femme, même un enfant!... souvenir épouvantable de tant d'horreurs, fuis loin de moi, en ta
présence ma plume reste glacée d'effroi et d'épou-
vante!

Tout cela ne se passait-il pas sous les yeux des
membres de cette assemblée qui osait se dire les
mandataires d'un peuple sensible, humain et gé-
néreux?

Si ces représentans avaient rempli leurs devoirs,
n'auraient-ils pas étouffé le monstre que Neptune
en fureur avait vomi sur nos côtes; (1) et par
l'ordre duquel il se commettait tant d'attentats!...
je sais qu'ils auraient exposé leur tête; mais des
députés doivent, comme des soldats, savoir braver
la mort, lorsqu'il s'agit de l'intérêt, de la gloire et
de l'honneur de la patrie, du roi et de la vie des
citoyens.

Venons aux représentans sous le consulat, je ne
citerai qu'un trait de leur lâcheté.

---

(1) Robespierre était d'Arras. Tallien, âgé seulement de 24
ans, eut la noble audace d'étouffer ce tigre.

Vous savez que le premier consul était entouré des hommes encore teints du sang de leur roi et de leurs concitoyens; certes de pareils êtres devaient rougir de voir à leur tête un chef qui, (il faut le dire) était alors sans tache, et même couvert de gloire. Sous le prétexte d'une conspiration imaginaire, ils engagent le premier consul à violer le droit des nations, en faisant arrêter l'infortuné duc d'Enghien sur le territoire étranger, et ce prince est, pour ainsi dire, assassiné dans les fossés de Vincennes, sans l'ordre précis de Bonaparte. Les flatteurs avaient précipité cette exécution, de peur que le premier consul ne réfléchît et ne pardonnât à l'innocent et infortuné duc d'Enghien.

Osons le dire, notre histoire ne serait point souillée de ce crime, si les représentans avaient fait entendre la vérité au premier consul. Oui, nous posséderions encore le dernier rejeton de tant de héros; j'ose rendre cette justice au génie qui a étonné le monde par ses talens militaires, il aurait conservé la vie au prince (1), pour ne point ternir à jamais sa gloire et son honneur!

---

(1) M. Chaboulon de Fleury, secrétaire de Napoléon, rapporte, dans son *Histoire des cent jours*, que madame Joséphine et sa fille s'étaient rendues auprès du premier consul pour lui demander la grâce du prince ; pendant les vives supplications de ces dames, il se promenait à grands pas dans la salle, et paraissait vouloir accorder ce que son épouse lui demandait, lorsqu'un

Je passe aux représentans sous l'empire.

Les courtisans flattent Napoléon, vantent, élè-
vent ses exploits et ses victoires, comparent
son génie à celui des immortels ; ses défauts sont
des vertus ; ses crimes des coups de politique
utiles à l'État ; remplissent sa tête de mille projets
gigantesques ; ils poussent leur basse flatterie jusqu'à lui faire accroire qu'il est né pour réaliser
cette folle prétention de l'ambitieuse Rome : un
seul peuple...., les Romains.... un seul maître dé
l'univers.... Auguste....

Ce qui est inévitable à tout souverain, Bonaparte, oubliant dès-lors qu'il doit son élévation aux
Français, reçoit l'encens empoisonné de ces courtisans, écoute et suit leurs perfides conseils ; dès-
lors, il devient ambitieux, despote et tyran ; il ac-
cable le peuple d'impôts ; il entreprend des guerres
injustes ; sacrifie des milliers de braves à ses désirs,
à ses projets insensés ; détrône injustement des po-
tentats, et détruit des républiques pour placer ses
créatures ; il veut enfin dicter des lois à toutes les
nations, à tous les monarques, la résistance ir-
rite, enflamme son audace ; il brave tout, et, dans
le délire du succès, se croyant aussi puissant que la
Divinité, il affronte l'intempérie des climats ; mais

---

envoyé de Vincennes entre et lui annonce que le prince avait
été fusillé pendant la nuit. Vous voyez, mesdames, qu'il est
trop tard, leur dit-il, en se tournant vers elles.

le Dieu du monde lui apprend bientôt qu'il peut,
à son gré arrêter l'orgueil et déjouer les projets
des faibles mortels. Le froid renverse et détruit, en
un instant, les intrépides guerriers que les boulets
et la mitraille n'avaient pu terrasser. L'ambitieux
reste presque seul, debout au milieu de ce désastre !... Honteux, consterné, abattu, il se sauve en
France, à travers les cadavres des victimes de son
ambition. Les lâches courtisans le consolent, en
lui en livrant des milliers d'autres.

Que font nos représentans? agens serviles du
pouvoir, ils ne s'occupent qu'à sanctionner les actes du despotisme (1), qu'à recevoir et demander,
des faveurs, des honneurs et des emplois pour eux
et leurs créatures ; à assister à des festins splendi-
des, où les courtisans dévoraient dans une soirée
le fruit de la sueur de cent mille familles, pendant
des années.

Soyons de bonne foi, aurions-nous perdu près
de 7,587,000 hommes, si nos représentans avaient
été guidés par l'intérêt général de la patrie, s'ils
avaient fait entendre la vérité au chef de l'État,
s'ils avaient courageusement résisté à son insa-

---

(1) Les lois militaires sont à la vérité sévères, mais je ne
crois pas que chez aucune nation, on ait permis de vendre les
biens, de démolir même la maison d'un individu qui ne pouvait
indiquer à l'autorité le fils retardataire de son voisin mort, le-
quel il n'avait souvent jamais vu. Cela était pourtant autorisé
en France sous Napoléon !..

tiable ambition, à ses demandes et à ses sacrifices si souvent réitérés. Je laisse aux hommes sages et exempts de prévention à décider cette question(1).

Néanmoins de l'ambition de Bonaparte et de la conduite servile de nos représentans, naissent les espérances de la prospérité et du bonheur de la France.

Les augustes descendans du bon Henri IV nous sont rendus.

Les Bourbons, bien convaincus que le peuple était étranger à tout ce qui s'était passé pendant leur absence (et les Bourbons ont-ils jamais connu la haine ou la vengeance?) jaloux, comme de bons Français, de conserver intacte la gloire que nos armées nous avaient acquise, déclarent formellement *que rien ne sera changé ; qu'ils viennent gouverner dans l'intérêt de tous ; ils recommandent d'oublier le passé et de vivre unis.* Pour garantie de leurs promesses sacrées, ils nous oc-

---

(1) En 1814, Napoléon traversant la Provence pour se rendre à l'Ile d'Elbe, fut très-mal reçu par les Provençaux ; cela parut lui être très-sensible. Arrivé à Fréjus, il dit au préfet : *que diable avez-vous fait aux Provençaux pour qu'ils soient si irrités contre moi ?* Un ancien maire lui répondit : Sire, c'est que les commis des droits réunis dressaient des procès-verbaux contre les paysans qui laissaient leurs raisins sur les souches, parce que le vin ne leur aurait point payé les frais; ensuite, c'est que lorsque vous demandiez 20,000 hommes, vos autorités vous en envoyaient 40,000. *Nous en apprenons toujours de plus belles*, dit Napoléon en se tournant vers ses officiers.

troyent une Charte digne de son immortel auteur et de la grande famille des Français.

Députés, gravez bien ces paroles dans le fond de vos cœurs, et rappellez-vous sans cesse que jamais un Bourbon n'a manqué à ses engagemens, ni enfreint son serment..... D'abord les Français ne semblent former qu'un peuple de frères ; mais nous allons voir que l'amour de soi-même l'ayant emporté sur l'amour de la patrie et sur le dévouement au roi, cette belle union fut de courte durée.

En effet, le Roi avait juré *de ne point toucher à l'armée*, eh bien ! des ministres infidèles mettent à la place des généraux, qui avaient tant de fois vaincu l'Europe, des individus ayant à peine vu un canon; ou des hommes dont l'épée rouillait depuis vingt-cinq ans dans le fourreau.

A la place de cette garde, l'admiration des Français et la terreur des soldats étrangers, les ministres forment des régimens de gardes-du-corps, des mousquetaires, etc., tous jeunes gens de naissance ou de faveur, dont les épaulettes fraîchement acquises et les fanfaronnades insultent nos vieilles moustaches.

Enfin, dans leur fureur subversive, ils n'épargnent même pas ces vieux militaires que la mort moins cruelle qu'eux avait épargnés sur le champ de bataille; sans égard, comme sans pitié pour leurs cheveux blancs, pour leurs glorieuses mutilations, ils ravissent à des milliers de ces infortunés l'asile et les bienfaits que la patrie reconnaissante leur avait accordés, et que le roi avait juré de leur conserver.

Hélas? ce souvenir est trop douloureux ! j'arrête là le tableau des injustices et de l'abus que les ministres et leurs adhérens faisaient de la confiance des Bourbons, auprès desquels de vils flatteurs empêchaient la vérité d'arriver.

Que font les députés à qui Sa Majesté avait confié la Charte, son immortel ouvrage, avait fait jurer de la faire observer ainsi que ses promesses, en ressaisissant le sceptre de ses pères ? Les députés ! hélas ! comme leurs prédécesseurs, approuvent tout ce que les ministres leur demandent, flattent et caressent ces fonctionnaires pour conserver ou obtenir des places et des faveurs. N'était-il pas de leur devoir de rapporter au roi que ses promesses étaient violées par ses ministres; que chaque jour on insultait des braves, on ravissait à des vieux invalides leur asile et leur pain; soldats, que Sa Majesté se plaisait à appeler les *fils chéris de la victoire*, et à se faire raconter par ceux qui l'approchaient, leurs hauts faits d'armes ? n'était-il pas de leur devoir de dire la vérité à leur souverain ?

Que produit le coupable silence de nos députés ? Les esprits s'aigrissent, la terreur s'empare des ames faibles, le courage et l'espoir renaissent chez l'intrigant, les partis se forment; Bonaparte revient au milieu de nous, et la France est condamnée à payer à ceux qu'elle avait tant de fois vaincus, des milliards !... des milliers de héros succombent inutilement sur le champ de bataille !....

Regret et respect à ces braves !... que leurs cendres reposent en paix !...

Les députés des cent jours font des folies et des extravagances ! ils travaillent pour eux et non pour leurs commettans. Je laisse à l'histoire à juger leur conduite. Les Bourbons reviennent avec de nouvelles prières *d'oublier le passé et de vivre unis;* mais les nouveaux ministres semblent se faire un plaisir de fouler à leurs pieds les promesses et la clémence de nos princes.

On sait qu'aidés par les députés, ils n'auraient point manqué de renouveller les horribles journées de l'exécrable Robespière, si Sa Majesté, qui ignorait tout, n'eût heureusement entendu retentir la tribune nationale des cris épouvantables de *proscription!* de *massacre!* Ce sage monarque craignant que des Sylla, des Marius, des Robespière ne se soient introduits dans cette assemblée, se hâte de la dissoudre et de rétablir la liberté de la presse, cette fille chérie de la Vérité, la seule amie des rois et des peuples.

Durant quelques années, le bonheur et la prospérité semblent vouloir retourner dans la belle France, mais les ministres rougissent de leurs tendres regards. Ils violent la charte, font sabrer et assassiner les passans et ceux qui osent proférer le mot sacré de l'ouvrage immortel de notre roi!...

Les députés ne rapportent rien au souverain; ils approuvent, ou laissent faire les ministres, ils en acceptent des places, des faveurs, et donnent au monde étonné le honteux spectacle de s'accuser entre eux de vendre leur vote cent mille francs (1).

A la suite de ces agitations intérieures, et de la coupable négligence de nos députés, un crime affreux vient plonger la belle France dans la terreur. L'infortuné duc de Berry est frappé de mort par un nouveau Ravaillac, en présence d'une population immense, devant un opéra où les sentinelles et les agens de la police fourmillent sans cesse!...

A peine le cœur de cet infortuné prince a cessé de palpiter, en présence des sanglots déchirans de sa jeune épouse, des larmes de sa famille et de la consternation générale des Français, que des ministres osent effrontément venir demander la suppression de la liberté de la presse.

Que font nos députés? ils les approuvent, et cette conduite est d'autant plus bizarre, qu'ils accusent les ministres de la mort du prince; et ils nous ravissent la liberté de parler, qui seule aurait pu leur dire quelle main infernale avait armé le

---

(1) Un député du Var, mon département, a été obligé de se défendre à la tribune d'une pareille accusation; tous les journaux du temps le rapportent.

monstre Louvel!... Les exécuteurs de grands forfaits sont connus et punis sur le champ, mais on
n'en connaît les auteurs qu'après bien des années
et souvent après des siècles.

Dès lors les persécutions et les actes arbitraires
recommencent ; les conspirations se montrent
par enchantement; la Charte est de nouveau vio-
lée; quelques députés crient, mais pas un ne cherche à faire entendre la vérité au souverain.

Néanmoins le monarque apprend que ces ministres abusent de sa confiance, leur chute éclate.

Enfin me voici arrivé au ministère actuel, et à
la chambre qui vient d'être dissoute.

Quel est le Français qui ignore la conduite au-
dacieuse des uns, et celle servile des autres? aussi
je passerai sous silence tous leurs actes contraires
à l'intérêt de la couronne et du peuple; je me con-
tenterai de dire que depuis quelques années la
France n'a eu de vrais représentans, des défenseurs
de ses droits et de ses intérêts, que dans la Chambre
des Pairs ; le renvoi de ces députés m'a paru très-
juste.

D'après le récit succinct que je viens de faire de
la conduite de nos assemblées nationales, depuis
1789 jusqu'à vos prédécesseurs, il vous sera facile,
messieurs les députés de 1828, de vous convaincre
qu'elles n'ont jamais rempli leurs devoirs. Pourquoi ? c'est qu'elles ont toujours été composées en
grande partie, d'hommes guidés par leur intérêt

personnel, au lieu de l'être par celui de leur patrie. Il faut avouer qu'il y en a eu quelques-uns qui ont fait retentir la tribune des sentimens de vrais citoyens, qui vous annoncent qu'ils connaissaient l'étendue des devoirs que leur imposait le titre de député.

Reconnaissance et honneurs éternels à ces hommes courageux......; mais je livre les autres aux remords cuisans de leur conscience, si toutes fois ils en ont une; car je doute que les individus, capables de sacrifier à leur intérêt personnel, celui que le roi et leurs concitoyens les avaient chargés de défendre, aient une conscience!.... (1)

---

(1) Un personnage ayant jadis occupé à la cour un poste éminent, se retira après sa chûte dans un de ses châteaux en Provence, il jouissait d'une fortune immense; voisin de ma famille, il m'appelait souvent auprès delui. Il faisait toujours tomber la conversation sur la politique, plusieurs fois je m'étais aperçu que lorsque je lui parlais d'actes que je croyais arbitraires de la part des ministres, des frissons s'emparaient de lui; un jour, plus hardi que de coutume, je lui en demandai la cause. Ah! me répondit-il d'un accent douloureux, qu'exigez-vous de moi?.... eh bien! me dit-il après un moment de réflexion, je suis le plus malheureux des hommes!... ma position est effroyable.... Comment interrompis-je, suivant le vulgaire, avec vos immenses richesses.... Ah! plut à dieu que je fusse le plus pauvre du monde, mais que je jouisse du repos de la conscience!.... Mon ami, me dit-il en me prenant la main, vous ne verriez plus que des Sully aux ministères, si l'homme savait ce que l'on souffre en descendant du faîte des grandeurs avec les remords déchirans d'avoir trompé la confiance de son souverain, prodigué les faveurs et les emplois à des perfides, aux dépens de la vertu et du mérite,

Ce récit suffirait également pour vous faire connaître la conduite que vous devez tenir; néanmoins, j'ai promis de vous dire de quelle manière un député remplirait bien les devoirs que lui impose cette haute mission; je vais vous tenir parole.

D'abord, l'individu qui accepte d'être le représentant de ses compatriotes, devrait renoncer aux emplois qu'il occupe, car quelque probe que soit l'homme, il lui est impossible de servir, sans manquer à l'honneur et à la délicatesse, deux maîtres dont les intérêts peuvent être différens : je sais que le roi et le peuple devraient avoir le même intérêt; mais un souverain étant obligé de se confier à des ministres, ceux-ci peuvent le tromper, et ses intérêts devenir contraires à ceux de ses sujets. L'homme en place est forcé de ramper aux pieds

---

d'avoir dissipé le denier du pauvre, de la veuve et de l'orphelin pour salarier un tas de misérables qui lui procurent l'horreur épouvantable de faire assassiner ses concitoyens!.... Les Rois, mon ami, ne seraient jamais tyrans, si de perfides ministres et de vils courtisans ne les trompaient point.... Après un moment de repos, la France, continua-t-il, me fait rougir!.. chaque individu que je rencontre, je le crois mon ennemi, je crains qu'il ne me cherche pour se venger du mal que je lui ait fait ou laissé faire. Mes cendres sont indignes de reposer sur ton sol; adieu belle France, j'irai périr loin de toi..... Il me laissa seul.

Quelques jours après, il passa dans le pays étranger où il est mort de douleurs et de remords, puissent ses cendres reposer en paix!. Il aurait été vertueux s'il avait connu plustôt l'horreur d· mal et la douceur de faire le bien.

de ces hauts fonctionnaires, de se soumettre à leurs volontés et à leurs caprices, s'il ne veut pas être destitué. Mettant donc le pied sur le seuil de la porte de vos assemblées, vous devriez renoncer à vos propres intérêts, à ceux de vos amis, ne voir que celui de votre patrie ; refuser tout emploi, faveur et honneurs des ministres, tant que vous resterez député.

Vous devriez arriver à Paris avec la noble audace d'ouvrir à la Vérité, la seule amie des rois et des peuples, une route à travers les bataillons serrés des flatteurs qui entourent ordinairement les trônes ; de déposer aux pieds du souverain les actes arbitraires, les injustices et les abus des fonctionnaires publics, avec les besoins de vos commettans.

Suppliez sa Majesté de faire disparaître de notre budjet le produit de ces établissemens aussi immoraux que ceux des jeux et de la loterie ; d'anéantir ces institutions et l'impôt honteux sur la prostitution des filles.

Ministres d'un roi chrétien, vous aussi prêtres et moines, vous nous parlez sans cesse des vertus, de religion, et vous laissez subsister, vous ne dites rien contre, vous favorisez même des établissemens qui éloignent de l'homme tout sentiment vertueux et religieux ; des établissemens où le vice, la friponnerie et le crime régnent !..... Si vous pouviez élever la voix, murs de Paris, combien de pères et de mères ne citeriez-vous pas, qui, ayant sacrifiés

le dernier sou de leur sueur qui devait servir à em-
pêcher la poignante faim de dévorer des enfans chéris, se sont détruits par désespoir! combien comp-
teriez-vous d'autres individus que les jeux ont livrés
au glaive de la justice! Eau de la Seine, combien as-
tu reçu dans ton sein des victimes des jeux et de la
loterie! Ah! s'il vous fallait les compter par milliers
seulement, il vous faudrait des années entières! et
aucune âme sensible n'a encore osé dire au roi le
désastre de ces honteux établissemens !....

Que voulez-vous, ministres, que je réponde à
ma fille qui me demande pourquoi ces femmes des
rues m'appellent, m'entraînent par le bras ? Si je
lui dis la vérité, ou si je la lui cache, ne ferai-je
pas naître en elle des pensées qui peuvent nuire à
son innocence et à sa vertu ? Si la corruption des
mœurs actuelles exige de pareilles femmes, ren-
fermez-les dans des maisons à ce destinées, fixez
le prix des entrées; le libertin vous apportera de
quoi vous dédommager d'un impôt honteux (1). La
pudeur de nos femmes et de nos filles ne rougira plus;
les hommes même n'auront plus, pour le sexe,
une espèce d'aversion qui peut nuire à la société.

---

(1) J'ai toujours pensé que le gouvernement agirait sagement
de renfermer les filles publiques dans des maisons où l'on pour-
rait les faire travailler en attendant le libertin. Le travaille ren-
drait à la vertu la plupart de ces malheureuses qui ne font souvent
un métier aussi avilissant que par misère. On trouvrait facilement
à affermer ces maisons.

Députés de 1828, c'est à vous à rendre ce service à la France, à votre roi, à l'humanité et à la religion. Faites abolir des établissemens aussi honteux, et si nos ministres craignaient de ne pouvoir plus rouler sur des tas d'or, eh bien! qu'ils prennent davantage à la sueur du peuple; mais, les malheureux! qu'ils ne viennent point le faire rougir par des institutions immorales !....

Ce que vous devez également faire, messieurs les députés, c'est de présenter, puisque vous en avez le droit, les lois sur la responsabilité des ministres, sur l'organisation de nos communes, sur l'exécution des ordonnances de nos rois, qui expulsent à jamais du territoire Français, les ordres religieux dont le souvenir des crimes des prédécesseurs fait encore frémir les peuples, et dont l'ambition peut exposer la vie de nos princes.

Comme au commencement de notre trop sanglante et mémorable révolution, il existe parmi nous des partis guidés par leurs intérêts personnels, la jalousie, la haine et la vengeance. De plus; Rome dont l'ambition a fait verser tant de torrents de sang, et commettre des crimes dont l'idée seule fait frissonner l'homme vertueux, nous a imposé les successeurs de ceux qui fanatisèrent les Ravaillac, les Clément, et les auteurs du massacre de la St-Barthelemi !.... Le pain est à un prix exhorbitant, quoique les récoltes aient été brillantes; nous payons un milliard d'impôts, et le bruit se répand

que nos finances sont en mauvais état ; on parle
d'un emprunt !.... Les métiers, les industries, tout
semble paralysé; des ouvriers, des artisans tendent
la main aux passans, faute d'ouvrage; le commerce,
cette mère, (après l'agriculture) nourricière du peuple, et signe certain de la prospérité d'un état, est
dans une stagnation épouvantable; les banqueroutes,
les faillites se succèdent . la friponnerie et l'escro-
querie marchent d'une célérité effroyable; la confiance, ferme soutien du commerce et de la société,
est entièrement perdue ; nos prisons regorgent de
débiteurs et de fripons..... comme au commencement de la révolution, des scènes déplorables ont
lieu ; le peuple et les soldats semblent s'être décla-
rés les ennemis l'un de l'autre ; les premiers tirent
sur les citoyens, et ceux-ci semblent braver l'audace de la force armée. Les militaires sont établis
pour la tranquillité des citoyens, et malheur au
gouvernement qui ne sait pas les maintenir dans
leurs devoirs. Mais c'est inutile de pousser plus loin
le tableau des présages sinistres qui troublent,
agitent tous les esprits; des craintes et des inquié-
tudes qui nous plongent dans une si triste position;
vous devez connaître cette position, si vous faites
votre devoir, vous l'apprendrez franchement à
notre roi, et notre félicité renaîtra.

Députés de 1828 , la France et le monde entier
ont leurs regards tournés sur vous ! l'histoire est
là avec ses attributs pour vous livrer tous noircis de

crimes à l'exécration de la postérité et aux malédic-
tions célestes ; ou vous conduire tous couverts de
gloire au temple de l'immortalité ! vous entrerez
dans la première route, en devenant les agens serviles de ceux qui voudraient faire notre malheur et
celui de notre roi ; vous marcherez dans la seconde
route en défendant les droits de votre patrie et l'intérêt de ses enfans, qui sont aussi ceux du trône !...

En vous conduisant ainsi, vous forcerez les ministres à remplir leurs devoirs ; ils ne s'éloigneront
plus des ordres du souverain ; ils n'interprêteront
plus à leur fantaisie ses intentions pures ; la crainte
de la punition du mal fera naître en eux le désir
de faire le bien, il s'en trouvera peut-être qui mettront leur gloire à devenir de nouveaux Sully, et
le monarque instruit de la vérité, réalisera les
belles et nobles intentions du bon Henry IV : *de
mettre à même chaque paysan, d'avoir, le dimanche,
une poule dans son pot !*....

Puisse ce temps fortuné revenir bientôt ! voilà
le vœu bien sincère que j'adresse au ciel, pour la
gloire de mon roi, celle de son auguste famille, la
vôtre, députés de France, celle des ministres même,
et pour la prospérité, le bonheur de tous les Français !.... 12

ANECDOTES.

Il faut que vous ayez bien du mal à avoir toujours pour vous
la majorité des députés, disait à un ex-ministre, un curé de
village ? — Pas plus que vous n'en avez à dire votre *pater*, lui ré-

pondit l'excellence. Comme le bon curé voulait en savoir davantage, Monseigneur lui dit brusquement, en lui tournant le dos, sachez, monsieur, que nous ne sommes que des réservoirs et vos députés sont des prés qui boiraient toute l'eau de la mer.

—Un curieux disait à un ex-député : Monsieur, je trouve extraordinaire que les députés et le gouvernement accroissent chaque année la pension du clergé pour le mettre, disent-ils, à même de secourir les pauvres, et qu'ils ne cherchent pas à augmenter la faible pension de ces femmes qu'on peut appeler célestes, qui renoncent à leur famille, à leur fortune, et aux plaisirs du monde où elles auraient pu tenir un rang distingué, soit par leur naissance, soit par leurs richesses, soit enfin par leur beauté, pour aller se fixer dans les hopitaux, y affronter les maladies les plus venimeuses, afin de donner des soins à la classe la plus malheureuse de la société ; ce sont sur ces femmes, les seules utiles à l'espèce humaine, qu'on devrait entasser.... C'est que les prêtres, interrompit le député, donnent aux vivans, et que les femmes ne pourraient faire l'aumône qu'aux mourans. — Vous voulez dire par là que les prêtres vous procurent des voix aux élections, et que les femmes ne sont utiles qu'aux indigens. — *Vous y êtes,* sandi cadedi, réplique l'ex-député gascon, en fuyant d'un autre côté de la salle.

Comment, mon ami, disait en 1815, une femme à son mari, nous sommes criblés de dettes, tous nos biens sont couverts d'inscriptions, j'ai engagé jusqu'à ma dot, et tu veux donner de grands dîners ?—Vas toujours, les ministres paieront tout cela, lui répondit le mari. — Oui, mais si tu n'es pas nommé député ? —Les électeurs ont soif, il faut qu'ils boivent.

Depuis cette époque, il n'a cessé de siéger à la chambre ; il a obtenu de plus un emploi lucratif, et ses biens lui restent.

Je ne connais pas, me disait un jour un employé, de départemens mieux représenté que le vôtre. — Oui, dit un individu sans attendre mon avis, ils ont, je crois, cinq députés, dont quatre occupent des emplois éminens, et l'autre n'a jamais quitté son banc.

—*On chasse les Anglais de Paris,* répondit, dit-on, l'autre jour, une dame à un milord qui lui demandait pourquoi on tirait tant de coups de fusils dans la rue St-Denis. *Goddem!*

s'écrie le gentlemen, *grandement promptement les chevaux à moi à la voiture pour partir.*

Il courait si fort en parlant ainsi, qu'il aurait été sans doute s'embrocher à quelque baïonnette de peloton qui barrait la rue, si un sergent ne l'eût arrêté. Goddem! s'écrie le milord en voyant le sabre du militaire suspendu sur sa tête, moi, pas anglais, sauvez la vie à moi, moi donnera à vous mille, deux mille, cent mille guinées. Les grimaces de l'anglais firent rire le sergent et le peloton; la foule eut le temps de s'éloigner.

L'Anglais fit donc deux bonnes actions; il sauva la vie à plusieurs personnes, et épargna des remords aux soldats; car je crois qu'un Français qui en tue un autre, même par force, doit éprouver des remords.

— Etant au service, je fus commandé avec d'autres camarades pour une corvée pareille à celles de ces jours derniers. A la remise des cartouches, à l'ordre de nos supérieurs qu'il fallait faire feu après sommation, et à la pensée de tuer des Français, un frissonnement s'empara de nous. Lorsque l'officier nous commanda de charger, un coup de coude parti de la file nous fit mordre la cartouche du côté de la balle que nous gardâmes dans la bouche, sans que l'officier s'en aperçut. Arrivés sur la scène on somma la populace de se retirer; elle répondit par des huées. L'officier commanda le feu; nous obéissons; tout le monde se sauve, en criant comme si nous avions tout tué. L'ordre se rétablit. Le lendemain, personne n'étant blessé, et n'ayant aperçu sur les murs aucune trace de plomb ni de balle, la populace vint nous accabler d'acclamations.

Le chef de l'Etat d'alors ayant appris notre supercherie, envoya la croix d'honneur à l'officier et à trois soldats.

— On dit que l'autre jour un candidat entre tout évaporé chez son épouse; celle-ci effrayée lui demande ce qu'il a. Tu ne sais pas, lui répond le mari, en se jetant sur un sopha; ces diables d'électeurs, après avoir mangé notre dîner, ne veulent me nommer qu'à condition que je n'accepterai ni emploi ni faveurs...—Il faut le promettre.—Oui, ils veulent que je le jure.—Il faut jurer.—Mais cette place de préfet dont j'ai tant d'envie.—Tu l'auras.—Il faut que je viole mon serment.—Tu feras comme les autres ont fait.

162

www.ingramcontent.com/pod-product-compliance
Lightning Source LLC
Chambersburg PA
CBHW070750280326
41934CB00011B/2871